spot
DEPORTES

PATINETA

por Mari Schuh

AMICUS | AMICUS INK

rampa

patineta

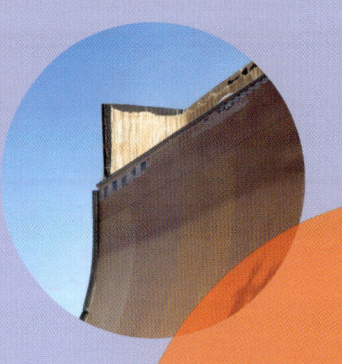

Busca estas palabras e imágenes mientras lees.

agarre de cola

jueces

¡Mira! Una patinadora salta. Ella logra gran altura. ¿Ganará el evento?

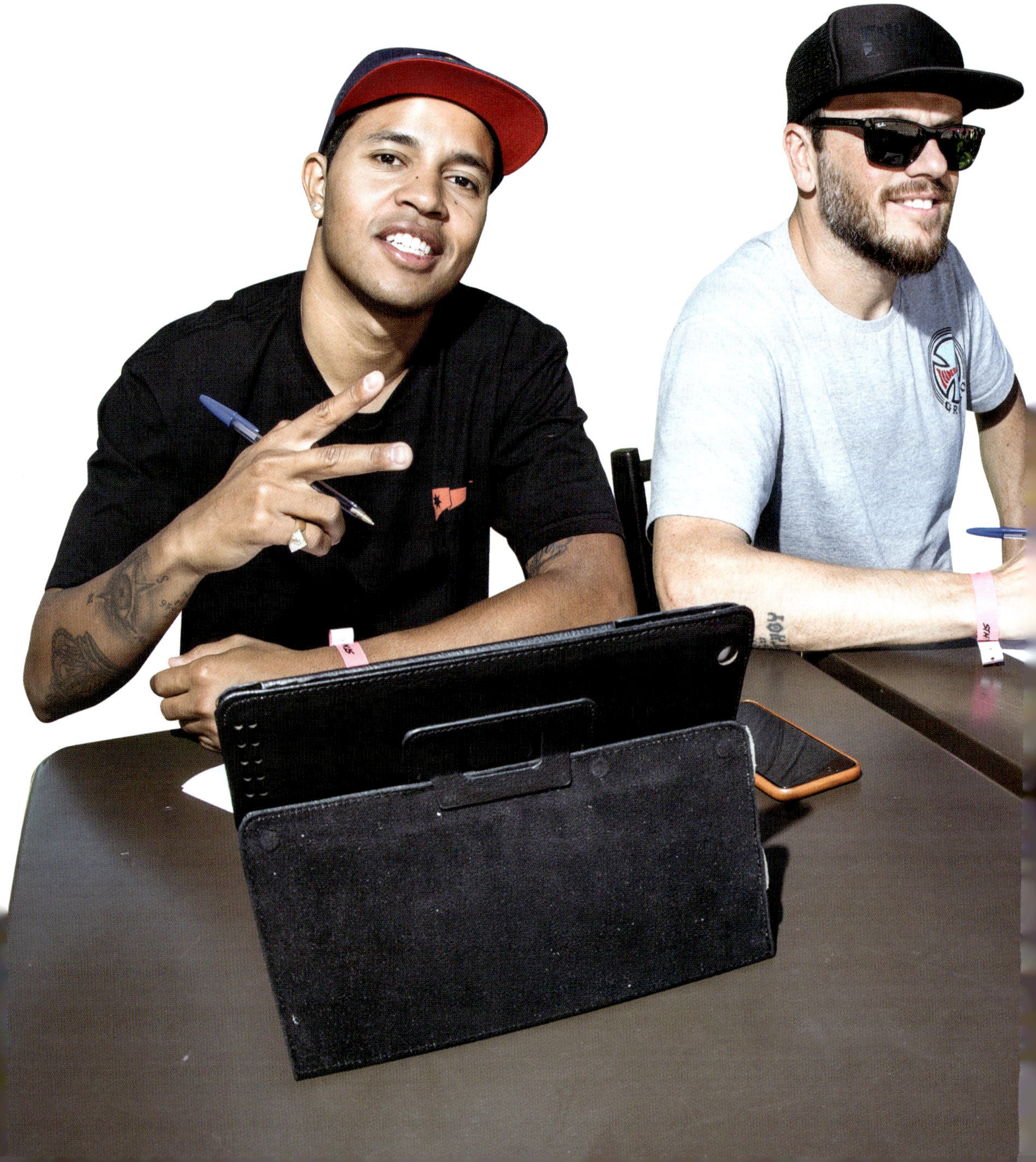

¿Ves a los jueces?

Ellos miran con atención.

Dan puntajes.

jueces

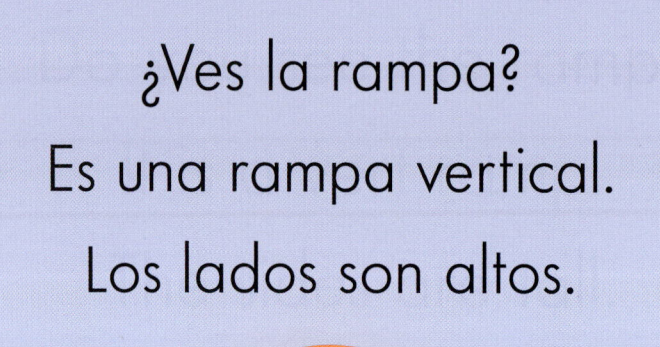

¿Ves la rampa?
Es una rampa vertical.
Los lados son altos.

rampa

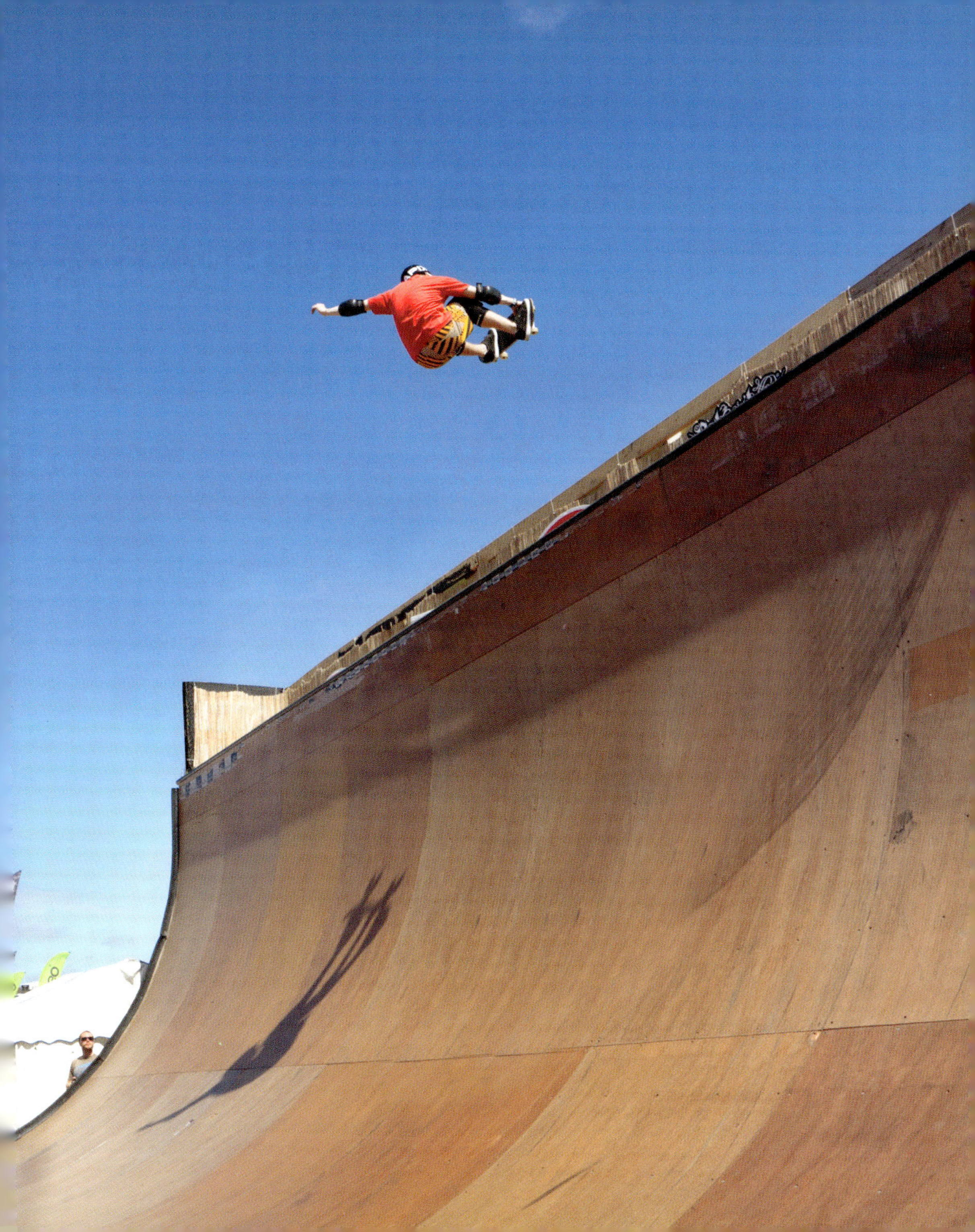

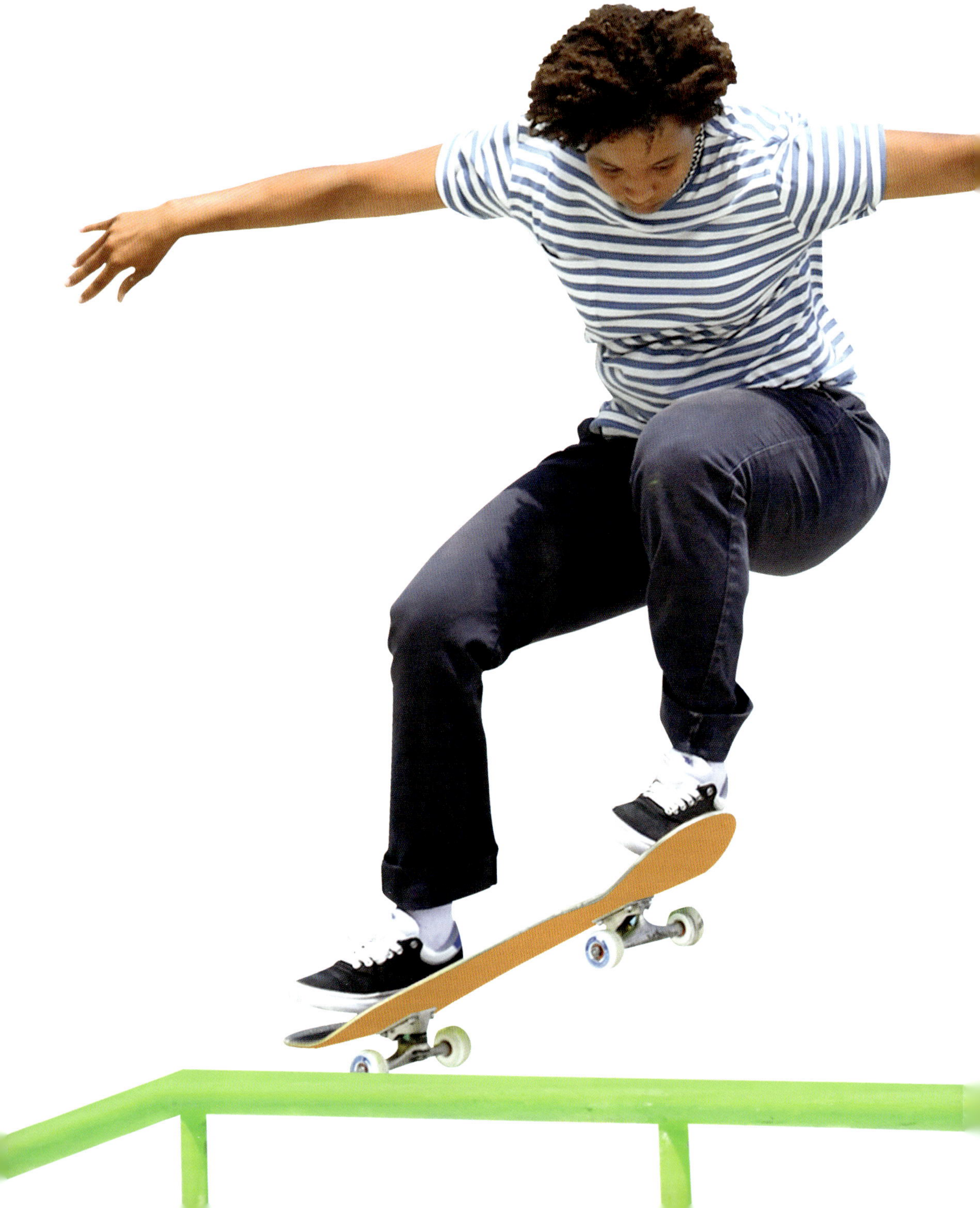

Cada patinador tiene dos turnos. Hacen muchos trucos.

¿Ves la patineta? Tiene cinta de agarre. Los zapatos no se deslizan.

patineta

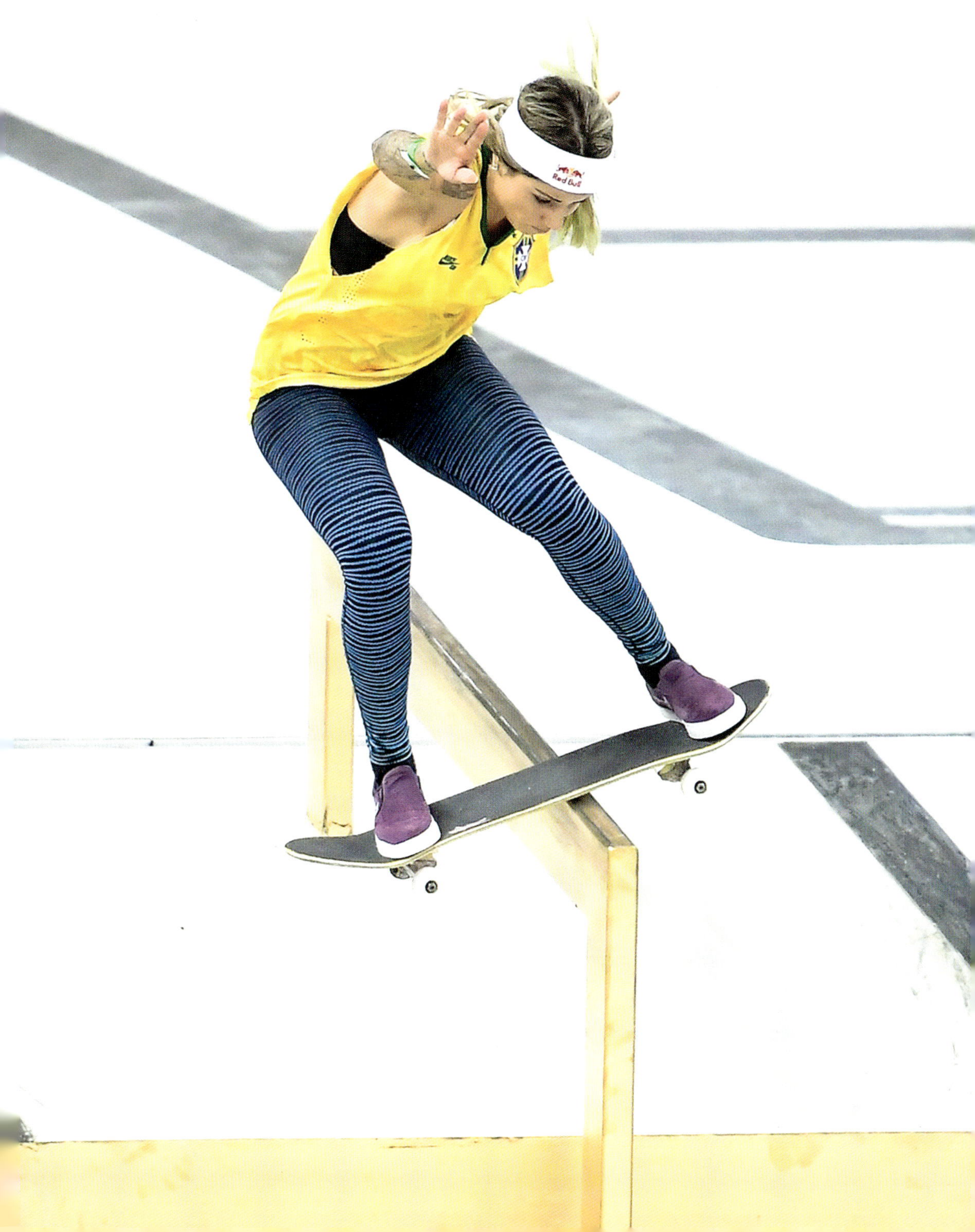

agarre de cola

¿Ves el agarre de cola? El patinador agarra la parte trasera de la tabla. ¡Buen truco!

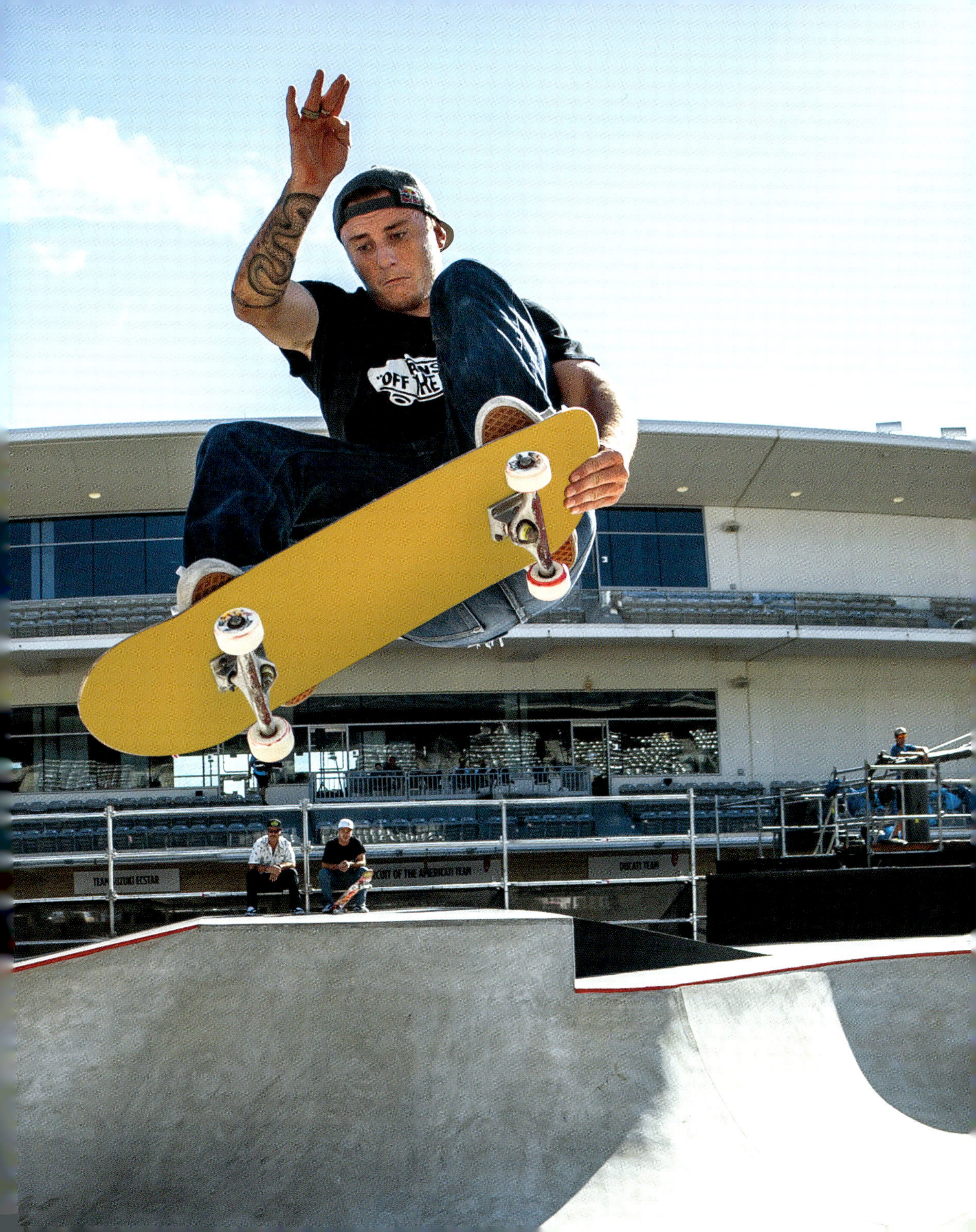
TEAM SUZUKI ECSTAR
DUCATI TEAM

Un patinador hace un 360. Gira una vez. ¡Guau! ¡Obtiene una buena puntuación!

rampa

¿Ves la rampa?
Es una rampa vertical.
Los lados son altos.

rampa

patineta

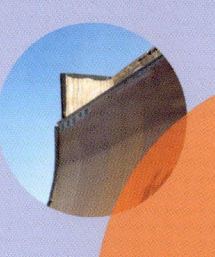

¿Ves la patineta? Tiene cinta de agarre. Los zapatos no se deslizan.

patineta

¿Lo encontraste?

agarre de cola

agarre de cola

¿Ves el agarre de cola? El patinador agarra la parte trasera de la tabla. ¡Buen truco!

jueces

¿Ves a los jueces? Ellos miran con atención. Dan puntajes.

jueces

spot

Spot es una publicación de Amicus y Amicus Ink
P.O. Box 1329, Mankato, MN 56002
www.amicuspublishing.us

Copyright © 2021 Amicus.
Todos los derechos reservados. Prohibida la reproducción, almacenamiento en base de datos o transmisión por cualquier método o formato electrónico, mecánico o fotostático, de grabación o de cualquier otro tipo sin el permiso por escrito de la editorial.

Library of Congress Cataloging-in-Publication Data
Names: Schuh, Mari C., 1975- author.
Title: Patineta / Mari C. Schuh.
Other titles: Skateboarding. Spanish
Description: Mankato, MN : Amicus, 2021. | Series: Spot. Deportes | Audience: Ages 4-7 | Audience: Grades K-1 | Summary: "North American Spanish translation of Spot Skateboarding. Elementary sports fans will shred key vocabulary in this high-interest leveled reader about skateboarding. Simple text and color photos touch on equipment and tricks. A search-and-find feature reinforces key vocabulary"-- Provided by publisher.
Identifiers: LCCN 2019050233 (print) | LCCN 2019050234 (ebook) | ISBN 9781645491903 (library binding) | ISBN 9781681527192 (paperback) | ISBN 9781645492160 (pdf)
Subjects: LCSH: Skateboarding--Juvenile literature.
Classification: LCC GV859.8 .S3718 2021 (print) | LCC GV859.8 (ebook) | DDC 796.22--dc23
LC record available at https://lccn.loc.gov/2019050233
LC ebook record available at https://lccn.loc.gov/201905023

Impreso en los Estados Unidos de America

HC 10 9 8 7 6 5 4 3 2 1
PB 10 9 8 7 6 5 4 3 2 1

For Natalie of Fairmont, Minnesota
—MS

Gillia Olson, editora
Deb Miner, diseñadora de la serie
Aubrey Harper, diseñador de libro
 & investigación fotográfica

Créditos de las imágenes: Alamy/eye35 stock 6-7; AP/Keith Birmingham 8-9; Luis Gallo 1, Mark J. Terrill 3, Thiago Ribeiro 10-11; iStock/PeopleImages 14-15; Redbull Content Pool/Andy Green cover, 16, Garth Milan 12-13, Helge Tscharn 4-5

PATINETA